SOLUTION CONSTITUTIONNELLE

LE

CONGRÈS DE CONSTITUTION

PAR

EDMOND TURQUET

DÉPUTÉ DE L'AISNE

PARIS

LIBRAIRIE GERMER BAILLIÈRE

17, RUE DE L'ÉCOLE-DE-MÉDECINE, 17

1875

LA
QUESTION CONSTITUTIONNELLE.

SOLUTION.

> Livrons-nous sans crainte à l'impulsion de l'opinion publique ; loin de redouter, invoquons sans cesse le contrôle universel ; c'est la sentinelle incorruptible de la patrie ; c'est le premier instrument auxiliaire de toute bonne constitution.
>
> (MIRABEAU. — 14 juillet 1789.)

> Oui, je le déclare, je ne connaissais rien de plus terrible que l'aristocratie souveraine de six cents personnes qui, demain, pourraient se rendre inamovibles, après-demain héréditaires, et finiraient, comme tous les aristocrates de tous les pays du monde, par tout envahir.
>
> (MIRABEAU. — 16 juin 1789.)

---

§ I.

On attribue généralement l'impuissance de l'Assemblée nationale à la division des partis. Il faut convenir que la résolution prise par l'Assemblée, plus de deux ans après sa réunion, de retenir et d'exercer le pouvoir constituant, en ouvrant le champ libre à toutes les compétitions, si elle n'a pas, en fait, créé cette division, l'a du moins accentuée, et a rendu toute conciliation presque impossible, même dans les simples questions d'affaires.

Mais l'impuissance dont nous parlons tient à une cause plus radicale encore : *l'absence de tout mandat précis relatif à la forme du gouvernement, alors que cette partie du mandat constituant est de sa nature absolument impérative.* On ne conçoit pas, en effet, qu'une assemblée puisse constituer une autre forme de gouvernement que celle qui a été désignée par la majorité des électeurs. En agissant autrement, elle mentirait à sa conscience, trahirait son mandat et s'exposerait certainement à un éclatant désaveu contre lequel elle serait impuissante à lutter.

L'Assemblée de 1789 avait mission : « de fixer la constitution du royaume, d'opérer la régénération de l'ordre public, et de maintenir les vrais principes de la monarchie » (déclaration du 20 juin); elle s'y est exactement conformée. Il ne lui est pas venu un seul instant à l'esprit la pensée de constituer autre chose que la monarchie constitutionnelle.

Lorsque survint la révolution du 10 août 1792, l'Assemblée législative ne pensa pas avoir les pouvoirs suffisants pour ratifier la déchéance de la royauté; elle se retira, laissant cette tâche à la Convention.

L'Assemblée de 1848 avait mandat de constituer la république; elle l'acclama dix-sept fois dans sa première séance.

Dans tous les cas, on remarque que le premier acte des assemblées constituantes est toujours d'affirmer, de proclamer la forme de gouvernement qu'elles sont chargées d'organiser; *de poser, en un mot, la base de l'édifice qu'elles doivent construire.* On ne conçoit pas, en effet, que l'exercice du mandat constituant puisse être ajourné à plusieurs années, par cette raison bien simple que pendant ce temps la volonté nationale peut se modifier, et que, dans ce cas, les mandataires se trouveraient exposés à substituer, même involontairement, leur opinion personnelle à celle de leurs mandants. Or rien n'est plus grave que le désaccord qui survient à propos de constitution entre le peuple et ses représentants.

Une constitution est un pacte conventionnel, qui n'a de valeur qu'autant qu'il est ratifié par la majorité des électeurs, ou qu'il est l'expression exacte de leur volonté.

Les principes que nous venons d'exposer sont tellement incontestables que, bien qu'en émettant de temps à autre des propositions contraires, l'Assemblée nationale en a toujours tenu compte.

§ II.

On a souvent dit qu'en ne restaurant pas la royauté dès le premier jour de sa réunion à Bordeaux, la majorité de l'Assemblée avait perdu une occasion unique de rétablir cette forme de gouvernement. On a prétendu que si elle ne l'avait pas fait, c'est qu'elle se croyait certaine de l'avenir, et qu'elle jugeait utile de liquider une situation désastreuse sous le couvert d'une république impersonnelle. Nous ne partageons pas cette opinion. En agissant comme elle l'a fait, l'Assemblée de Bordeaux a simplement obéi au sentiment vrai de la situation.

Elle savait fort bien que dans la plupart des départements les élections n'avaient pas eu de caractère politique; qu'elles n'avaient été précédées d'aucune discussion relative à la forme du gouvernement. Les monarchistes n'ignoraient pas qu'ils devaient leur élection, non pas à leurs opinions alors du reste peu connues, mais à la réputation de libéralisme qu'ils avaient conquise en luttant contre l'Empire à côté des républicains sous le drapeau de l'union libérale.

La France avait nommé des libéraux-conservateurs et des partisans de la paix. Rien de plus.

Elle ne leur avait pas donné le mandat de détruire la République, encore moins celui de restaurer la Royauté légitime ou constitutionnelle.

Aussi voyons-nous l'Assemblée choisir dès le premier jour pour son président, par 519 voix sur 536 votants, un républicain éprouvé, M. Grévy. Le 17 février, M. Thiers est nommé à la presque-unanimité chef du pouvoir exécutif de la République française, et le rapport de M. Victor Lefranc constate : *qu'en réalité l'Assemblée ne fait pas acte de constituante, qu'elle pourvoit simplement aux nécessités du gouvernement, et se borne à constater un fait incontestable, celui de l'existence de la République française.* Le 10 mars suivant, dans un discours célèbre, où il exposait le plan de conduite si improprement nommé Pacte de Bordeaux, M. Thiers disait : « Dans votre sagesse vous vous êtes dit : « *Non, nous ne serons pas constituants* » ; et à peine quelques protestations s'élevaient-elles sur un petit nombre de bancs isolés.

Cependant la nation s'était émue en apprenant qu'il existait dans l'Assemblée plus de cinq cents députés monarchistes, auxquels on prêtait, injustement du reste, à cette époque, l'intention de restaurer la Royauté au moment qui leur semblerait opportun. Elle comprit que dans tous les cas il était nésessaire que, pour éviter toute surprise et tout malentendu, elle fît connaître sa volonté d'une façon formelle ; et les élections municipales du 30 avril 1871, ainsi que les élections législatives du 2 juillet, vinrent avertir l'Assemblée que la France était républicaine et voulait conserver la République.

Ce fut peu de temps après ces deux importantes manifestations du suffrage universel que l'Assemblée adopta, le 12 août 1871, mais en l'amendant, la proposition Rivet, qui conférait à M. Thiers le titre de Président de la République, et déclarait que ses pouvoirs auraient une durée égale à l'existence de l'Assemblée.

Ce qu'on a nommé la constitution Rivet n'était autre chose que la confirmation de la loi du 17 février 1871. Pour la seconde fois l'Assemblée reconnaissait l'existence de la République. Il est de plus à remarquer que, le même jour, une proposition de M. de Belcastel, tendant à ce que l'Assemblée déclarât qu'elle ne se séparerait pas avant d'avoir statué sur la forme définitive du gouvernement, fut repoussée à une assez forte majorité !

Ainsi donc l'Assemblée nationale, en grande majorité monarchique, mais tenant compte des manifestations non équivoques de l'opinion publique, avait en 1871, à deux reprises différentes, renoncé à exercer le pouvoir constituant, et reconnu la République comme un fait existant.

§ III.

Les choses restèrent en cet état jusqu'au 13 novembre 1872. A cette époque le Message célèbre, par lequel M. Thiers constatait les progrès de l'idée républicaine, vint susciter les susceptibilités d'une partie de l'Assemblée. On prétendit qu'il avait violé le Pacte de Bordeaux. Un mot à ce sujet. Le Pacte de Bordeaux n'a jamais existé ; il n'y a jamais eu de convention transactionnelle passée entre les divers groupes et qui ait servi de base à une décision parlementaire. Le 10 mars 1871, plus de vingt jours après le vote qui lui conférait les fonctions de chef de l'État, M. Thiers avait exposé son opinion personnelle sur la situation ; il avait dit : qu'il ne s'agissait alors que de liquider le passif de la guerre, et que l'avenir serait aux plus sages. Rien de plus.

Du reste, le 22 octobre 1872, la droite et le centre droit avaient dressé leur programme, qui comportait le rétablissement de la monarchie légitime ; ils avaient pris à ce sujet des délibérations, restées secrètes alors, mais qui ont été publiées à l'époque de la tentative de fusion. Si donc il y avait eu Pacte, les monarchistes l'avaient violé tous les premiers.

Quoi qu'il en soit, ils cherchèrent à profiter de l'occasion pour renverser M. Thiers. Il est certain que les projets de fusion et de restauration royaliste étaient déjà vigoureusement poursuivis ; M. Thiers gênait, il fallait l'écarter ; le Message fut un prétexte, comme plus tard l'élection Barodet.

Cette fois cependant le coup fut détourné ; ce mot malheureux de « gouvernement de combat », employé par M. Batbie, contribua certainement à faire échouer les projets de la droite ; et de tout le débat il ne sortit qu'une résolution votée par 372 voix contre 335, aux termes de laquelle une commission de trente membres était nommée à l'effet de présenter un projet de loi réglant les attributions des pouvoirs publics et les conditions de la responsabilité ministérielle.

Cette fois encore l'Assemblée n'exerçait pas le pouvoir constituant; il ne s'agissait que d'une réglementation des rapports du Président avec l'Assemblée, mais il devait sortir de cet incident des événements de la plus haute gravité !

Le 13 mars 1873, sur le rapport de la commission dont nous venons de parler, l'Assemblée décidait : « qu'elle ne se séparerait pas avant d'avoir statué : 1° sur l'organisation et le mode de transmission des pouvoirs exécutif et législatif; 2° sur la création et les attributions d'une seconde chambre; 3° sur la loi électorale. »

On sait qu'une proposition identique, présentée par M. de Belcastel le 12 août 1871, avait alors été rejetée.

Cette fois, et plus de deux ans après son élection, l'Assemblée se déclarait constituante, et elle invitait par la loi même le gouvernement à lui présenter des projets de lois sur les objets susénoncés.

On sait ce qui est arrivé. Le 19 mai 1873, M. Dufaure présente les projets constitutionnels; la droite n'en permet même pas la lecture; elle répond en invitant M. Thiers à adopter une politique plus résolûment conservatrice, et le 24 mai, par un vote hostile, le contraint à donner sa démission.

§ IV.

Les faits qui se sont passés depuis ont clairement démontré que la résolution du 13 mars 1873, par laquelle l'Assemblée s'était déclarée constituante, n'était que le prologue, et le vote du 24 mai, le premier acte d'un drame parlementaire qui, dans les intentions de ses auteurs, ou tout au moins de la plupart d'entre eux, devait avoir pour dénouement la restauration de la monarchie.

Toutefois on n'avait pas pensé qu'il fût prudent de rompre en visière avec l'opinion publique, on comprit qu'il était au moins nécessaire de ménager des transitions.

Dans les séances des 23 et 24 mai, dans le discours de M. de Broglie, dans l'ordre du jour adopté par l'Assemblée à quatorze voix de majorité, il avait été uniquement question de donner à la politique intérieure une direction plus conservatrice, de déplacer le point d'appui du gouvernement, de le reporter plus à droite et de rompre avec l'extrême gauche.

Il s'agissait d'autant moins alors de porter une atteinte quelconque à la forme républicaine, que la coalition n'avait pu triompher qu'avec l'appui du groupe Target qui, tout en votant contre M. Thiers, croyait devoir affirmer sa foi républicaine.

Enfin le nouveau gouvernement, en annonçant au pays les événements qui venaient de s'accomplir, déclarait solennellement : « qu'il ne serait pas porté atteinte aux institutions existantes. »

Ce qu'on a nommé depuis la politique du 24 mai consistait donc en ceci : 1° maintien de la forme républicaine et de la constitution Rivet; 2° remplacement de M. Thiers par M. de Mac-Mahon dans les termes de cette même constitution; 3° direction des affaires intérieures dans le sens de la politique dite conservatrice de la droite.

Tel fut le programme que l'on a fait prévaloir dans l'Assemblée, que l'on annonça au pays et qu'on lui fit accepter au moyen des déclarations solennelles dont nous venons de parler.

Si la majorité fût demeurée fidèle à ce programme, peut-être pouvait-elle réussir à conserver pendant longtemps la direction des affaires.

Mais tout d'abord, l'ostracisme prononcé par elle contre tous les républicains, à quelque nuance qu'ils appartinssent, vient éclairer l'opinion publique sur ses véritables intentions.

Après l'entrevue de Frosdhorf et les tentatives de fusion, il ne pouvait plus y avoir aucun doute. La lutte était ouverte entre la république et la monarchie. L'opinion publique se prononça hautement contre toute tentative de restauration. Le mouvement fut si accentué que le parti royaliste n'osa pas engager la lutte. M. le comte de Chambord comprit qu'un vote de l'Assemblée pourrait peut-être lui donner le trône, mais qu'il lui faudrait le conquérir l'épée à la main. Il ne voulut pas exposer la France à la guerre civile, et ce sera son éternel honneur.

§ V.

Après l'échec de la fusion, la coalition se trouvait dans un profond embarras. On ne pouvait ni rester dans le *statu quo* ni reprendre la politique du 24 mai. Les royalistes au surplus avaient ajourné et non abandonné leurs projets de restauration; se fussent-ils résignés à en revenir à la république conservatrice que l'opinion publique n'y eût pas ajouté foi. Dès lors il n'existait plus dans l'Assemblée, comme dans le pays, que des républicains et des monarchistes poursuivant un but trop différent pour qu'une conciliation fût désormais possible.

D'un autre côté, il devenait nécessaire de donner des gages au groupe bonapartiste qui se plaignait d'avoir été trompé et qui devait bientôt profiter seul de la situation, et mériter le nom de protecteur de la coalition que M. Thiers lui avait prophétiquement donné dans son discours du 24 mai.

Dans cet embarras on eut recours à un expédient, et la loi du 20 novembre fut votée.

Pour combattre la proposition de prorogation des pouvoirs présidentiels, il n'était pas besoin de longs discours. Il eût suffi de lire le rapport fait par M. Vitet sur la proposition Rivet.

M. Rivet et ses amis demandaient la prorogation pour trois années des pouvoirs de M. Thiers, et M. Vitet, répondait aux applaudissements de toute la droite : que le président n'étant que le délégué de l'Assemblée, cette dernière ne pouvait lui conférer des pouvoirs qu'elle n'avait pas et d'une durée plus longue que la sienne propre ; que l'Assemblée, en présence d'un chef d'État inamovible, abdiquerait ses droits ; que toute date fixe serait un rendez-vous donné à la fureur des partis ; qu'au surplus, le chef de l'État étant responsable devant l'Assemblée, un divorce serait toujours possible, et que la stabilité résultant d'une fixation de la durée des pouvoirs serait plus apparente que réelle.

Ce fut pour ces raisons, et non, comme on l'a prétendu, par hostilité contre la personne de M. le maréchal de Mac Mahon, parce qu'elles étaient convaincues que la prorogation n'aurait aucun résultat utile et ne ferait que compliquer la situation et la rendre inextricable, que les gauches votèrent contre la loi du 20 novembre ; et l'expérience a démontré qu'elles ne s'étaient pas trompées. Nous avions alors proposé de consulter le pays sur la forme du gouvernement à établir. Cette proposition fut repoussée à une forte majorité. Peut-être reconnaîtra-t-on aujourd'hui que, si elle eût été adoptée, la République serait depuis longtemps définitivement et régulièrement établie.

§ VI.

La loi du 20 novembre est à la fois une mesure incomplète, imprévoyante et illogique.

Elle est incomplète, parce qu'il ne suffit pas, pour qu'une loi soit *constitutionnelle* et *incommutable*, de lui donner ces qualifications.

Toutes les constitutions de tous les pays du monde sont entourées de garanties spéciales, qui les préservent des atteintes qu'elles pourraient recevoir d'une simple majorité parlementaire.

La Constitution de 1848, par exemple, décide que la révision totale ou partielle ne pourra avoir lieu que si les trois quarts des votants le décident, après trois délibérations prises chacune à un mois d'intervalle, et elle règle la procédure à suivre pour parvenir à la révision.

La Constitution impériale ne pouvait être modifiée que par un sénatus-consulte soumis à la ratification populaire.

En Belgique et en Italie, lorsque les Assemblées ont décidé qu'il y a lieu à révision de la Constitution, elles sont dissoutes de plein droit, et la révision ne peut être faite que par une Assemblée spécialement élue à ce sujet.

Aux États-Unis et en Suisse, les articles à reviser sont tout d'abord soumis à la discussion populaire.

Aucune de ces précautions n'a été prise.

La loi est imprévoyante ; car, en instituant un gouvernement qui doit durer sept ans, elle ne s'est pas préoccupée de l'éventualité du décès du chef de l'État. Or, si M. le maréchal de Mac Mahon venait à mourir demain, la loi du 20 novembre disparaîtrait avec lui ; et, comme il est peu probable que l'Assemblée puisse se mettre d'accord pour lui donner un successeur, la France est exposée à se trouver subitement sans institutions et sans gouvernement.

Allons plus loin : supposons que l'Assemblée vienne à se dissoudre faute d'avoir pu s'entendre pour organiser le septennat ; et que M. le maréchal de Mac Mahon vienne à mourir avant l'élection de la nouvelle Assemblée ; la France peut se réveiller un matin, sans Assemblée, sans institutions, sans gouvernement, en pleine agitation électorale.

Est-ce que cette perspective n'est pas effrayante ? Est-il bon d'exposer un pays à de telles éventualités ?

La loi est illogique.

En effet, elle décide : 1° que M. le maréchal de Mac Mahon continuera d'exercer les fonctions de président de la République jusqu'au 20 novembre 1880 ; 2° qu'une commission de trente membres sera nommée dans les trois jours, à l'effet d'élaborer les lois constitutionnelles.

Or, ce que l'Assemblée a sans doute voulu créer en prorogeant pour sept ans les pouvoirs présidentiels *et en omettant d'en régler la transmission, c'est assurément un pouvoir purement personnel ;* mais, en décidant *que ce pouvoir serait entouré d'institutions constitutionnelles,* elle lui a donné un caractère tout à fait *impersonnel.*

§ VII.

On a le droit de dire que le vote du 20 novembre fut un immense malentendu.

Il n'est pas douteux que, dans la pensée d'un grand nombre de ses auteurs, le septennat ne devait pas être une institution, mais simplement un rempart contre l'établissement de la république, et un moyen de gagner du temps.

Ce ne sont pas là des suppositions, mais des faits.

Dans la séance du 20 novembre, M. Grévy disait : « Ce que vous voulez, c'est un moyen de faire en sept ans ce que vous n'avez pu faire en trois mois. » Et MM. de Franclieu et Dahirel répondaient hardiment : Oui !

Peu de temps après, M. Rouher écrivait : « Le septennat est un expédient qui ne durera que ce que les circonstances permettront. »

Le 15 juin, MM. de la Rochefoucauld, de Tarteron, Carron et de Staplande, déposaient une proposition dont l'article 1er est ainsi conçu : « Le gouvernement de la France est la monarchie, et le trône appartient au chef de la maison de France. »

Peu de jours avant, M. de Cazenove de Pradines déclarait à la tribune que, dans sa conviction, M. le maréchal de Mac Mahon ne ferait pas attendre le roi aux portes du septennat ; et M. de la Rochette ajoutait : que ses amis et lui n'avaient voté la loi du 20 novembre que parce que semblable assurance lui avait été donnée par M. le duc de Broglie.

Ajoutons à cela que la commission des Trente ne s'est occupée que de la loi électorale, et que M. de Broglie a été renversé le 12 mai 1874, comme l'avait été M. Dufaure le 24 mai de l'année précédente, pour avoir pris l'initiative d'un projet de constitution.

Il est donc démontré qu'une partie au moins de la majorité du 20 novembre 1873 n'avait point eu l'intention de faire du septennat une institution et de l'entourer de lois constitutionnelles qui le rendissent viable.

Et cependant elle avait pris, aux termes de la loi même, un engagement contraire ; et M. le maréchal de Mac Mahon était dans son droit et accomplissait un devoir, en insistant énergiquement, et au nom des intérêts du pays, pour la prompte organisation de ses pouvoirs.

Dans son Message du 17 novembre 1873, M. le maréchal de Mac-Mahon protestait contre « les conditions suspensives et les réserves » que l'on pourrait introduire dans la loi de proro-

Dans le Message du 9 juillet, il ajoutait : « La loi du 20 novembre doit être complétée. L'Assemblée, qui a promis de donner au pouvoir, fondé par elle, les organes sans lesquels il ne peut utilement fonctionner, ne peut songer à décliner son engagement. »

De tout ceci il résulte qu'entre la majorité, qui a voté la loi du 20 novembre, la seule à laquelle M. de Broglie accorde le droit d'interpréter cette loi, et le chef de l'État, il existe, il a peut-être toujours existé un malentendu, un dissentiment profond.

§ VIII.

On a beaucoup épilogué sur le septennat personnel ou impersonnel.

La véritable question n'est pas là.

L'Assemblée tiendra-t-elle, oui ou non, l'engagement qu'elle a pris, par la loi du 20 novembre, de voter les lois constitutionnelles, sans lesquelles le pouvoir fondé par elle ne peut utilement fonctionner ?

Si elle ne le tient pas, la loi du 20 novembre se trouve sous le coup des conditions suspensives et des réserves par le Message du 17 novembre.

Au surplus la loi est indivisible. On ne saurait l'exécuter partiellement.

L'article 2, qui dispose qu'une commission de 30 membres sera chargée d'élaborer les lois constitutionnelles, est le corollaire inséparable de l'article 1er, qui proroge les pouvoirs présidentiels. L'un ne se conçoit pas sans l'autre. Et si l'Assemblée nationale se refusait à remplir ses engagements, à compléter la loi dont elle a posé les bases, à la rendre viable, comment pourrait-elle espérer que l'Assemblée qui lui succédera ait plus de respect qu'elle-même pour la décision qu'elle a prise?

Au-dessus même de ces considérations *de droit*, il en est une qui s'impose à tous les esprits.

Sans organisation, *sans transmission des pouvoirs réglés*, le septennat n'est plus qu'un *gouvernement viager*, reposant uniquement sur la tête d'un homme, et fragile comme lui.

Si le chef de l'État vient à disparaître, tout disparaît avec lui, et le pays est plongé dans l'anarchie, dans le néant.

En admettant que le septennat poursuive sa carrière e atteigne le 20 novembre 1880, à cette époque c'est encore le néant et l'anarchie.

Le défaut d'organisation et d'institutions, c'est la porte ouverte à toutes les aventures; c'est la destinée d'une grande nation remise au hasard, aux éventualités d'une maladie grave ou d'une mort subite.

Le bon sens public s'en est parfaitement rendu compte; et M. le maréchal-président s'en est fait justement l'interprète, lorsque, dans ses Messages du 9 juillet et du 3 décembre, il a déclaré que l'opinion publique et les intérêts matériels de la France exigeaient une prompte organisation des pouvoirs publics.

Il y a donc au moins un minimum de constitution à faire.

Il est nécessaire : 1° d'organiser les pouvoirs électifs et délibérants ;

2° De régler leurs rapports avec le pouvoir exécutif, et les attributions de ce dernier pouvoir ;

3° De réglementer la transmission des pouvoirs.

Ce dernier point est évidemment la clef de la situation.

On peut, à la rigueur, soutenir qu'il n'est pas nécessaire de créer une seconde chambre, et que les lois actuelles suffisent à l'action du pouvoir exécutif.

Mais si l'on veut réellement que le septennat dure sept ans, si l'on veut faire renaître la confiance dans l'avenir, indispensable à la prospérité commerciale et industrielle, aussi bien qu'à l'apaisement des esprits, il est indispensable de prévoir, ce qu'on prévoit dans le moindre contrat, le cas de mort de l'une des parties contractantes, et de régler par avance le mode de transmission des pouvoirs.

Mais, d'un autre côté, il est de toute évidence que le septennat ne peut être organisé que sous la forme républicaine.

La République est; c'est un fait constaté par les lois des

17 février et 12 août 1871, par la loi du 20 novembre, par le projet même rapporté par M. de Ventavon.

On ne peut même pas songer sérieusement à changer le titre du chef de l'État; il serait impossible d'en trouver un autre. Un État dont le gouvernement est électif et temporaire est nécessairement une République.

L'observation de la loi du 20 novembre est donc incompatible avec toute autre forme de gouvernement.

On a parlé du titre de lieutenant-général du royaume.

Sérieusement, s'il se trouvait dans le pays et dans l'Assemblée une majorité pour proclamer la monarchie, serait-il admissible que M. le comte de Chambord, reconnu roi de France, attendît pendant six ans à Frosdhorf avant de revenir prendre possession du trône?

S'il se trouvait dans le pays et dans l'assemblée une majorité pour restaurer l'Empire, le fils de Napoléon III attendrait-il à Chislehurst l'échéance du 20 novembre 1880? Poser ces questions équivaut à les résoudre.

Le septennat ne peut donc être organisé que sous la forme républicaine; mais il est bien évident aussi que, si cette organisation est sérieuse, si elle assure à la loi du 20 novembre une vitalité suffisante, la République est définitivement établie, car, si la France est satisfaite de son gouvernement, elle ne verra certainement aucune raison d'en changer en 1880.

Mais aussi, dans ce cas, les espérances des partis monarchiques ne sont pas seulement ajournées à sept ans, elles le sont indéfiniment, sans doute à jamais.

Aussi ne faut-il pas s'étonner de voir les républicains réclamer, comme ils l'ont fait par la proposition Casimir Perier, l'exécution de la loi du 20 novembre, tandis que ses auteurs, tardivement éclairés, semblent résolus à se tenir dans une complète abstention.

Dans tous les cas nous sommes en présence de ce dilemne:

Si la loi du 20 novembre n'est pas complétée, elle n'est pas viable;

Si elle est complétée, si la transmission des pouvoirs est assurée, la République est fondée.

§ IX.

Après ces considérations sur la situation générale, jetons un coup d'œil sur la situation parlementaire.

L'Assemblée se trouve en présence :

« 1° Du projet de MM. de la Rochefoucauld, de Tarteron, Carron et de Staplande ainsi conçu :

« Art. 1er. Le gouvernement de la France est la monarchie; le trône appartient au chef de la maison de France.

« Art. 2. Le maréchal de Mac-Mahon prend le titre de lieutenant-général du royaume.

« Art. 3. Les institutions politiques de la France seront réglées par l'accord du roi et de la nation. »

2° Du projet de la commission des Trente rapporté par M. de Ventavon et ainsi conçu :

« Art. 1er. Le maréchal de Mac-Mahon, président de la République, continue à exercer avec ce titre le pouvoir exécutif dont il est investi par la loi du 20 novembre 1873.

« Art. 2. Il n'est responsable que dans le cas de haute trahison. — Les ministres sont solidairement responsables devant les Chambres de la politique générale du gouvernement et individuellement de leurs actes personnels.

« Art. 3. Le pouvoir législatif s'exerce par deux Assemblées : la Chambre des députés et le Sénat. — La Chambre des députés est nommée par le suffrage universel, dans les conditions déterminées par la loi électorale. — Le Sénat se compose de membres élus ou nommés dans les proportions et aux conditions qui seront réglées par une loi spéciale.

« Art. 4. Le maréchal président de la République est investi du droit de dissoudre la Chambre des députés. Il sera procédé, en ce cas, à l'élection d'une nouvelle Chambre dans le délai de six mois.

« Art. 5. A l'expiration du terme fixé par la loi du 20 novembre, comme en cas de vacance présidentielle, le conseil des ministres convoque immédiatement les deux Assemblées qui, réunies en congrès, statuent sur les résolutions à prendre. — Pendant la durée des pouvoirs confiés au maréchal de Mac-Mahon, la révision des lois constitutionnelles ne peut être faite que sur sa proposition. »

L'accueil fait par l'opinion publique et par l'Assemblée même à ces deux projets ne leur présage pas un grand succès.

La proposition de M. de la Rochefoucauld et de ses amis est évidemment incompatible avec la lettre et l'esprit de la loi du 20 novembre, et l'on peut s'étonner de ce que le ministère n'ait pas cru devoir lui opposer la question préalable.

Quant au projet de la commission des Trente, outre qu'il ne règle pas suffisamment la transmission des pouvoirs, il contient un article inacceptable, celui relatif au droit de dissolution.

On ne saurait, en effet, accorder à un chef d'État électif et temporaire le droit de dissoudre l'Assemblée dont il n'est que le délégué, ou à l'élu d'une assemblée morte, des pouvoirs supérieurs à ceux mêmes d'une assemblée souveraine nouvellement issue du suffrage universel.

Le projet Ventavon retiré ou rejeté, il ne reste plus rien de l'œuvre de la commission des Trente.

Quant au projet de grand conseil présenté par M. de Broglie, il ne nous semble pas que l'on s'en soit jamais sérieusement occupé.

§ X.

On parle de diverses autres combinaisons:

D'une reprise de la proposition Casimir Perier, après le délai réglementaire qui expire le 24 janvier prochain;

D'un projet de renouvellement partiel.

La proposition Casimir Perier ne nous semble plus répondre aux besoins de la situation.

Que dit-elle en effet ? « Que la commission des Trente prendra pour bases l'article 1er des lois constitutionnelles présentées le 19 mai 1873 par MM. Thiers et Dufaure, et la loi du 20 novembre 1873. »

Or, s'en remettre à la commission des Trente, dont l'impuissance est démontrée par un an de labeurs stériles, du soin d'élaborer une constitution d'après des données aussi fragiles qu'élastiques, c'est uniquement retarder la solution.

L'adoption de la proposition Casimir Perier, qui ne prévoit pas du reste le point essentiel de la transmission des pouvoirs, ne pourrait modifier la situation que s'il se trouvait pour la voter une majorité résolue à accepter la République et à modifier l'action gouvernementale et le personnel administratif. Or, si cette majorité existait, il serait à la fois plus simple et plus logique d'organiser résolûment le gouvernement républicain, tout en respectant la loi du 20 novembre.

Quant au renouvellement partiel, il ne se conçoit que par voie de tirage au sort, et, dans ce cas, c'est s'en remettre au hasard du soin de nos destinées. Si les départements représentés par des républicains sortent les premiers de l'urne, la situation parlementaire sera un peu modifiée. Il n'est pas normal que, dans les élections qui auront un caractère constituant et qui peuvent être décisives au point de vue des institutions futures de la France, le tiers ou le quart seulement des électeurs soit appelé à donner son avis. Enfin, les élections partielles ont toujours un caractère passionné, qu'il est bon de ne point trop prolonger.

Il nous reste à dire quelques mots de ce que nous appellerons la politique du dernier Message. M. le maréchal de Mac-Mahon déclare : « qu'il n'a accepté le pouvoir pour servir les aspirations d'aucun parti; qu'il poursuit une œuvre de défense sociale et de réparation nationale; » renouvelant l'appel qu'il a déjà fait à Lille « aux hommes modérés de tous les partis, il appelle à lui, pour l'aider dans sa tâche, sans aucun esprit d'exclusion, tous les hommes de bonne volonté. »

Tout en rendant justice aux intentions qui ont inspiré ces paroles, il faut reconnaître qu'elles ne constituent pas un programme de gouvernement. Sans rechercher jusqu'à quel point il est possible de former une *ligue de neutres*, dans un pays où les partis ont tous une raison légitime d'aspirer au pouvoir, et d'espérer recueillir la succession qui sera ouverte au plus tard le 20 novembre 1880; sans même qu'il soit besoin de constater que les idées conciliantes à l'égard des républicains de toute nuance, sont jusqu'à présent restées à l'état de lettre-morte; il nous suffira de dire qu'un programme, alors même qu'il serait aussi précis que possible, ne saurait tenir lieu d'institutions gouvernementales.

Nous en dirons autant de tous les projets que nous venons d'énumérer.

Aucun d'eux ne parvient à donner à la France, dans un délai certain, la constitution nécessaire à sa tranquillité et à sa prospérité !

Nous ajoutons : aucun d'eux, et, en ceci, nous donnons moins notre idée personnelle que nous ne nous faisons l'écho de l'impression générale, n'a des chances sérieuses de réunir une majorité.

§ XI.

Il faut donc prévoir que l'Assemblée peut se trouver, dans un délai très-rapproché, en présence d'une série de négations, dans l'impossibilité absolue d'exercer utilement le pouvoir constituant qu'elle a voulu retenir, et obligée, par la force des choses, à prononcer sa dissolution.

Il n'est même pas impossible que le gouvernement, mis en échec par le refus de l'Assemblée d'organiser les pouvoirs publics, se décide à intervenir, à conclure lui-même à la dissolution, en réclamant dans ce cas un délai de six mois pour préparer le pays à la lutte électorale.

Nous n'hésitons pas à dire que l'une et l'autre de ces éventualités sont également dangereuses.

Certes, nous ne redoutons point ce que l'on nomme des élections radicales.

L'épithète de radical que les partis monarchiques appliquent à tous les républicains sans exception, n'est autre chose qu'un procédé de polémique.

Mais il y a peut-être des modifications utiles à apporter à la loi électorale, notamment en ce qui concerne le nombre des députés ; et, par-dessus tout, nous ne voudrions pas que la nouvelle Assemblée eût, comme celle à laquelle elle succédera, une durée et des pouvoirs illimités.

Il serait donc à désirer que l'Assemblée ne s'exposât pas à se séparer sans avoir statué sur quelques dispositions électorales, et particulièrement sur la durée et les attributions de la nouvelle Assemblée.

Quant à l'ajournement des élections à six mois, avec un intérim dictatorial, il nous suffira de dire qu'il n'est conseillé que par les organes bonapartistes. On sait ce qu'ils entendent en pareil cas, par « préparer le pays aux élections ».

D'un autre côté si l'Assemblée, obéissant à la force des choses, vient à se dissoudre sans avoir complété la loi du 20 novembre, il est à peu près certain que l'Assemblée nouvelle étant constituante ne se croira pas engagée à autre chose qu'à respecter la volonté nationale dont elle sera l'émanation la plus directe et la plus récente.

On a parlé dans ce cas de l'éventualité d'un conflit entre l'Assemblée et le pouvoir exécutif; et l'on invoque à cet égard les déclarations faites par M. le maréchal de Mac Mahon dans les messages du 9 juillet et 3 décembre : « Qu'il ne déserterait pas son poste, et l'occuperait jusqu'au dernier jour. »

Cette déclaration formelle peut ne point agréer aux légitimistes et aux bonapartistes, qui seraient sans doute fort embarrassés de concilier le septennat avec la Royauté ou l'Empire, s'ils venaient à sortir du scrutin; elle ne gêne pas les républicains, puisque la présidence septennale de M. le maréchal de Mac Mahon est parfaitement compatible avec l'organisation de la République définitive.

Toutefois, il suffit qu'un conflit soit possible pour qu'il soit du devoir de l'Assemblee de le prévoir et de prendre ses dispositions pour le rendre impossible.

Or elle ne le peut, si elle se dissout sans constituer, qu'en imposant à l'Assemblée qui lui succédera une disposition transitoire à insérer dans la constitution ; mais cette disposition, elle ne peut la prendre qu'à la condition de statuer elle-même sur la forme du gouvernement.

§ XII.

Nous nous résumons, et, nous adressant aux membres de l'Assemblée, nous leur disons :

Vous vous êtes déclarés constituants et vous ne pouvez constituer; la résolution que vous avez prise le 13 mars 1873 vous a été fatale, car depuis lors vous n'avez plus fait que vous épuiser en efforts impuissants;

Vous avez pris l'engagement d'organiser le pouvoir créé par vous le 20 novembre, et cet engagement, tout démontre que vous êtes dans l'impossibilité de le tenir;

Vous avez, à plusieurs reprises différentes, reconnu la République comme le fait existant; vous ne pouvez nier que les élections faites depuis quatre ans ne soient en immense majorité favorables à l'établissement de la République; bien plus, vous ne pouvez ignorer que la loi du 20 novembre n'est exécutable qu'en maintenant la forme républicaine;

Vous reconnaissez la force de l'opinion publique, et vous ne voudriez pas tenter d'établir un gouvernement que le suffrage universel ne sanctionnerait pas; mais, d'un autre côté, il en est parmi vous, que des convictions anciennes, des engagements respectables, des relations personnelles avec les représentants des dynasties déchues, empêchent d'organiser eux-mêmes un régime que cependant ils pourraient accepter par respect pour la volonté nationale;

Vous redoutez les conséquences d'une dissolution immédiate, et vous n'admettriez pas des élections faites après six mois de dictature intérimaire;

Vous ne pouvez rester dans un *statu quo* insoutenable, et il ne serait pas digne de vous de prolonger la situation par une force d'inertie qui vous donnerait à peine quelques mois de plus d'une existence précaire sans éclat et sans utilité.

Eh bien, l'histoire nous présente un exemple d'une situation identique, celle des États-Unis en 1787; on en est sorti en réunissant une convention siégeant à côté de l'assemblée devenue simplement législative et dont l'œuvre fut cette constitution sous l'empire de laquelle l'Union américaine a si grandement prospéré.

Pourquoi ne ferions-nous pas ainsi ?

§ XIII.

Nous vous soumettons en conséquence la proposition suivante :

L'Assemblée nationale,

Considérant que, en retenant le pouvoir constituant, elle s'est engagée à donner à la France un gouvernement régulier;

Considérant que les intérêts et le vœu manifestes du pays réclament la prompte constitution d'un gouvernement définitif; considérant que la forme républicaine est seule compatible avec l'exécution de la loi du 20 novembre 1873,

Décrète :

Article Ier. La République est le gouvernement de la France.

Art. 2. Le peuple français est convoqué dans ses comices le. . . . février 1875, à l'effet d'élire un Congrès, chargé spécialement et uniquement d'élaborer la Constitution de la République et la loi électorale politique.

Art. 3. Les départements de moins de cent mille électeurs éliront un seul membre du Congrès; les départements de plus de cent mille électeurs en éliront deux; le département de la Seine six; celui du Nord trois; chacun des départements d'Algérie et chaque colonie éliront un membre du Congrès.

Dans les départements ayant droit à deux ou plusieurs membres du Congrès l'élection aura lieu par scrutin de liste.

Art. 4. Les membres du Congrès seront élus à la majorité relative; il n'y aura pas lieu à scrutin de ballottage. L'élection sera valable, quel que soit le nombre des votants.

Art. 5. Les membres de l'Assemblée nationale pourront être élus membres du Congrès. Il n'y a pas incompatibilité entre les deux fonctions, qui pourront être exercées simultanément.

Art. 6. Les membres du Congrès recevront, pendant la durée de leur session, une indemnité mensuelle égale à celle des membres de l'Assemblée nationale. Toutefois, il ne pourra y avoir cumul des deux indemnités.

Art. 7. Le congrès constituant se réunira le . . février 1875 : il devra avoir terminé ses travaux au plus tard le 8 mai suivant; à cette époque il sera dissous de plein droit.

Art. 8. Quelles que soient les résolutions du Congrès relativement à la présidence et à la vice-présidence de la République, M. le maréchal de Mac-Mahon continuera par disposition transitoire à exercer les fonctions de président de la République dans les termes fixés par la Constitution, jusqu'au 20 novembre 1880.

Art. 9. En cas de décès ou de démission de M. le maréchal de Mac-Mahon, il sera procédé à son remplacement, conformément aux dispositions de la Constitution. Dans ce cas, le président de l'Assemblée législative, ou le président du Sénat, s'il en est institué, rempliront par intérim les fonctions de chef du pouvoir exécutif jusqu'à l'installation régulière du nouveau président.

Art. 10. La Constitution sera soumise à l'approbation du peuple français le premier dimanche de juin 1875.

Art. 11. Le peuple français est convoqué dans ses comices le premier dimanche de juillet 1875, à l'effet d'élire l'Assemblée législative, et, s'il y a lieu, le Sénat, institués par la Constitution.

Art. 12. L'Assemblée nationale se déclare dessaisie du pouvoir constituant, elle continuera à siéger en qualité de corps législatif jusqu'à l'époque de la réunion des Assemblées élues le 1er juillet 1875.

Art. 13. L'État de siége sera levé dans tous les départements à partir du jour de la promulgation de la présente loi; les actes administratifs portant suppression ou suspension de journaux, ou interdiction de vente sur la voie publique, seront rapportés de plein droit à partir de la même époque.

§ XIV.

Les avantages que présente le projet s'aperçoivent aisément.

La France est certaine d'avoir, le premier dimanche de juin 1875, une constitution régulière élaborée par ses élus, ratifiée par le suffrage universel, conforme, par conséquent, aux aspirations de la majorité du pays et offrant toutes garanties de stabilité.

La loi du 20 novembre étant respectée par le congrès et introduite par lui comme disposition transitoire dans la constitution, toute possibilité de conflit disparaît.

La transmission des pouvoirs est prévue et réglementée, et dès lors l'éventualité du décès ou de la démission de M. le maréchal de Mac-Mahon n'apparaît plus comme une menace redoutable pour l'avenir, comme le point de départ d'une situation qui peut devenir anarchique.

L'Assemblée nationale, dessaisie du pouvoir constituant et continuant à siéger comme corps législatif, pourra reprendre l'œuvre libérale si bien inaugurée par la loi départementale et si malheureusement interrompue par la loi du 13 mars 1873, et nul doute qu'en juillet 1875, après six mois d'apaisement, ceux qui, s'inclinant devant le verdict du suffrage universel, auront franchement accepté la constitution républicaine, ne puissent en toute sécurité se présenter de nouveau devant leurs commettants.

Il n'est pas douteux que l'adoption de ce projet produirait dans l'opinion une détente considérable ; les obstacles seuls sont irritants et peuvent pousser le suffrage universel à des écarts regrettables. En présence d'échéances fixes et d'une réglementation prudente, de la certitude d'une prochaine solution, la confiance renaîtrait aussitôt, les affaires reprendraient leur essor et la France recouvrerait bientôt toute sa prospérité.

Enfin les délais fixés, la double consultation demandée au suffrage universel relativement à la constitution, suivie d'élections législatives, rendent toute surprise impossible, de même que la procédure indiquée écarte toute éventualité d'interrègne.

L'article 2 porte que le congrès sera chargé d'élaborer spécialement et uniquement la constitution et la loi électorale politique.

La loi électorale basée sur le suffrage universel nous semble devoir faire partie intégrante de la constitution, de manière à ne pouvoir être modifiée législativement par des assemblées qui, si elles voulaient restreindre le suffrage universel, porteraient en réalité atteinte au principe le plus essentiel de notre droit politique.

Le meilleur moyen, du reste, d'éviter les inconvénients du parlementarisme et des crises politiques, c'est de transformer en dispositions constitutionnelles toutes les lois relatives à l'exercice des droits des citoyens et aux libertés publiques.

Il existe dans la constitution américaine un article unique ainsi conçu : « Le congrès ne pourra ni établir une religion d'État, ni défendre le libre exercice d'une religion, ni restreindre la liberté de la parole ou de la presse, ni le droit qu'a le peuple de s'assembler paisiblement et d'adresser au gouvernement des pétitions pour le redressement de ses griefs. »

Grâce à cet article le congrès n'est plus qu'une assemblée d'affaires où la politique n'a que peu d'accès.

Le Congrès se composera d'environ 150 membres.

Eu égard au travail des commissions, le nombre n'est pas trop élevé, surtout si l'on songe qu'aux termes de la Constitution de 1848, les Assemblées révisionnistes devaient se composer de neuf cents membres.

Dans les départements ayant droit à deux membres du Congrès et plus, l'élection aurait lieu par scrutin de liste, et à la majorité relative. Il ne saurait en être autrement pour une assemblée constituante; il s'agit en effet avant tout d'une manifestation d'opinion, et l'on ne saurait admettre en pareil cas les coalitions qui peuvent se produire sans inconvénients dans des élections législatives.

Il nous a semblé que les membres de l'Assemblée nationale devaient être éligibles au Congrès. Agir autrement serait s'exposer à priver la France des lumières d'hommes expérimentés, ayant la science politique et l'habitude des Assemblées.

Nous ne pensons pas qu'il y ait incompatibilité entre le mandat constituant et celui de membre de l'assemblée ; en effet, toutes les Assemblées constituantes que nous avons eues jusqu'à présent ont été en même temps législatives. D'un autre côté il ne serait peut-être pas sans inconvénient d'enlever à l'Assemblée au moins cent de ses membres, et de détruire ainsi l'équilibre entre les divers groupes parlementaires. Cette condition toutefois n'est pas absolument essentielle.

Le délai de trois mois est certainement suffisant à une assemblée chargée d'un travail unique, et que rien ne viendra détourner de sa tâche, pour mener son œuvre à bonne fin.

L'article 8, relatif à la disposition transitoire imposée au Congrès, assure la stricte observation de la loi du 20 novembre dans les termes mêmes où elle est conçue.

§ XV.

On nous a fait les objections suivantes :

1° Est-il probable que l'Assemblée nationale consente à reconnaître la République comme le gouvernement de la France ; et ne serait-il pas plus prudent de retirer l'article 1er qui peut n'être accepté ni par les adversaires de la République, ni même par les républicains qui estiment que la Souveraineté nationale est inaliénable et que le droit constituant du peuple ne peut subir aucune restriction.

2° Si l'Assemblée adoptait l'article 1er, et se décidait à reconnaître la République, n'est-il pas probable qu'elle voudrait l'organiser elle-même et qu'il lui semblerait alors inutile de s'en remettre de ce soin à un Congrès spécial ?

Nous reconnaissons volontiers qu'il serait préférable, et plus conforme aux principes, que l'Assemblée se dispensât de statuer sur la forme du gouvernement, et remît purement et simplement au peuple le pouvoir constituant dans son intégralité.

Mais cela ne se peut pas; la loi du 20 novembre y fait obstacle.

Du moment que pour assurer l'exécution de cette loi, que pour éviter toute éventualité de conflit entre la future Assemblée et le Pouvoir exécutif, il devient indispensable d'imposer au Congrès une disposition transitoire à insérer dans la Constitution, il est absolument nécessaire de mettre hors du débat la forme républicaine.

L'article 1er de la loi du 20 novembre dispose en effet : « Que le pouvoir conféré pour sept ans à M. le maréchal de Mac-Mahon, continuera à être exercé *avec le titre de Président de la République* et dans les conditions actuelles, jusqu'aux modifications qui pourraient y être apportées par les lois constitutionnelles. »

Il résute de là : *que le Pouvoir peut recevoir des modifications, mais que le titre du chef de l'État ne peut être changé.*

Or il est évident que ce titre ne pourrait être conservé, si le gouvernement devenait Empire ou Royauté.

La loi du 20 novembre n'est donc exécutable que sous la forme républicaine.

Supposons que l'article 1er de notre projet soit retiré ou rejeté, comment serait-il alors possible de rédiger l'article 8?

Si l'on maintient dans cet article le titre de *Président de la République,* il est puéril de le supprimer dans l'article 1er. Et si l'on transforme ce titre en celui de chef de l'État, on abroge implicitement la loi du 20 novembre.

En résumé, si l'on veut que la loi soit observée il faut imposer au peuple et au Congrès la disposition transitoire énoncée en l'article 8 de notre projet, et, pour que cet article puisse recevoir son exécution, il est indispensable que *la République, seule forme de gouvernement compatible avec l'esprit et la lettre de la loi du 20 novembre,* soit mise hors question.

Ce que nous demandons à l'Assemblée n'est donc qu'un acte de raison et de logique. Nous ne lui proposons pas de reconnaître la République, par conviction ou par enthousiasme, mais uniquement, qu'on nous permette cette expression, parce que c'est la carte forcée.

Du reste, il faut bien reconnaître qu'en admettant même que les articles 1er, 8e, de notre projet, soient adoptés, il est inévitable que les élections des membres du Congrès deviennent un véritable plébiscite sur les trois formules : République, Empire ou Royauté, et il est certain que les articles ne pourront recevoir leur exécution que si, comme tout le fait prévoir, les élections donnent à la République une incontestable majorité.

En déclarant que la République est le gouvernement de la France, l'Assemblée ne ferait donc que constater un fait existant et devancer le verdict populaire; la décision qu'elle prendrait lui permettrait d'assurer l'exécution de la loi du 20 novembre; tandis qu'en agissant autrement elle n'empêcherait pas le suffrage universel d'acclamer la République, et perdrait en même temps la faculté de faire adopter la disposition transitoire dont nous avons parlé.

Tout cela nous semble tellement incontestable, qu'à la rigueur nous consentirions à retirer l'article 1er, convaincu que ni l'économie générale du projet ni le résultat final n'en seraient changés; seulement, dans ce cas, la loi cesserait d'être logique, et il pourrait surgir des difficultés tant pour sa rédaction que pour son application.

En admettant que l'Assemblée adopte l'article 1er, ne serat-elle pas tentée de faire elle-même la constitution de la République? Nous le pensons pas. Il peut se trouver une majorité qui se résigne à reconnaître la République, non par conviction personnelle comme nous l'avons déjà dit, mais par nécessité absolue, et pour assurer l'exécution de la loi du 20 novembre; mais ce serait trop exiger que de demander, au moins à certains de ses membres, de donner la vie et des garanties sérieuses de stabilité à une forme de gouvernement qu'ils peuvent accepter par déférence pour la volonté nationale, mais qui n'a point visiblement leur sympathie.

En admettant même qu'il se trouvât une majorité résolue à constituer la République, elle ne tarderait pas à se diviser sur les questions de détail.

Il est à remarquer que la plupart des projets constitutionnels, ceux de M. de Broglie, de M. Lambert Sainte-Croix, de la commission des Trente, consistent presque uniquement dans la création d'une seconde Chambre.

Outre que cela est certainement insuffisant, on n'ignore pas que les républicains sont loin d'être d'accord sur ce point, et que beaucoup d'entre eux sont partisans d'une Assemblée unique.

Il est donc permis de croire qu'alors même que l'Assemblée se déciderait à organiser la République, elle ne parviendrait pas à s'entendre sur les lois constitutionnelles, et qu'elle n'aboutirait à d'autre résultat qu'à perdre un temps précieux, et à démontrer une fois de plus son impuissance absolue.

§ XVI.

En dehors de la solution que nous proposons, qui tout au moins a l'avantage de concilier les droits souverains du peuple avec le respect dû aux décisions de l'Assemblée, nous ne voyons place que pour des expédients, des négations et des pertes de temps.

Ainsi que M. Thiers le lui prédisait le 10 mars 1871, l'Assemblée ne constituera pas. Et si elle ne sait prendre une énergique résolution, dans quelques mois peut-être, elle s'éteindra, ne léguant au pays que le regret de l'avoir élue, et le plus complet éloignement pour ce régime parlementaire qu'on lui a si vanté, et dont à quatre reprises différentes il a tant souffert.

Certes il y a quelque chose de plus digne et de plus utile à faire.

La France ne saurait se passer plus longtemps d'institutions, et il n'y a de durables que celles qui sont l'expression sincère de la volonté nationale.

Vous, qui aimez votre pays, vous, qui avez souci de sa grandeur et de sa prospérité, rendez-lui la parole, bornez-vous à prendre de sages précautions qui le préservent de toute surprise et de toute agitation, et vous aurez mieux mérité de lui en un seul jour, vous aurez fait plus pour les intérêts conservateurs, qu'en de longs mois de discussions stériles et d'inutiles labeurs.

Paris. — Typ. Georges Chamerot, rue des Saints-Pères, 19.

www.ingramcontent.com/pod-product-compliance
Ingram Content Group UK Ltd.
Pitfield, Milton Keynes, MK11 3LW, UK
UKHW020222180726
13838UKWH00005B/2146

9 782019 703745